MÉMOIRE

OU

PRÉCIS-PRATIQUE,

Sur l'efficacité des Eaux minérales et salines de la Motte, de Balaruc, de Bourbonne, et autres à peu près de la même nature, contenant l'indication, la contre-indication, et le régime convenable à chaque cas.

PAR M. FRIER, Docteur en Médecine à Grenoble, Médecin des Épidémies, Correspondant de plusieurs Sociétés savantes.

A GRENOBLE, chez DAVID, Imprimeur, place Neuve.

1815.

Copie de la Lettre de S. E. le Ministre de l'Intérieur, relative aux Eaux minérales de la Motte.

Paris, le 25 Juin 1812.

Le Ministre de l'intérieur,

A Monsieur Frier, Docteur en Médecine à Grenoble.

On applaudit à son travail sur les eaux minérales de la motte.

J'ai reçu, Monsieur, les deux Brochures que vous m'avez adressées, et le Mémoire que vous y avez joint, sur les Eaux minérales et salines de la Motte. La Faculté de Médecine de Paris a applaudi à ce dernier Mémoire, dont je lui ai donné connaissance. Elle a loué l'ordre et la netteté avec laquelle il est rédigé.

Je vous engage, Monsieur, à continuer ce travail, qui ne peut qu'être très-utile à la Province où vous exercez la Médecine.

Je vous salue.

Signé Montalivet.

MÉMOIRE

OU

PRÉCIS-PRATIQUE,

Sur *l'efficacité des Eaux minérales et salines de la Motte, de Balaruc, de Bourbonne, et autres à peu près de la même nature, contenant l'indication, la contre-indication et le régime convenable à chaque cas.*

§. I.er D<small>EPUIS</small> quarante ans je me suis occupé de la recherche des moyens propres à reconnaître, dans les substances nutritives, les parties constituantes, tout-à-la-fois et de l'aliment et du remède ; je crois les avoir déjà trouvées dans le lait et dans le miel ; mais je les observe plus particulièrement encore dans l'eau, véhicule des alimens et remèdes : en effet, elle entre comme principe dans tous les êtres physiques, et principalement dans les végétaux et dans les animaux ; elle fournit aussi à la nature des moyens nécessaires pour les nourrir et les perpétuer ; elle arrose la surface de la terre, fait germer les semences, les arbres et les arbrisseaux, favorise l'accroissement des tiges et des feuilles, fait éclore des fleurs et porter des fruits.

§. II. — C'<small>EST</small> dans cet ordre général que l'eau concourt, avec la terre, l'air et le feu, à renouveler, à propager, à nourrir les végétaux les animaux et à les perpétuer ; l'eau est aussi nécessaire à la fécondité de l'homme qu'à celle des animaux et des végétaux. L'embryon, le fœtus sont submergés dans ce fluide, depuis l'instant de la conception jusqu'au moment de l'accouchement.

§. III. — L'eau concourt intérieurement à développer leurs vaisseaux, à former leurs calibres, à faciliter la circulation du sang qui s'y forme, à nourrir les parties solides, à les faire croître et à leur donner les qualités nécessaires pour opérer les fonctions vitales et animales.

C'est ainsi que l'eau entre dans les principes constitutifs de l'homme jusqu'à sa naissance; dès-qu'il est né, elle sert à régénérer, et continue, dans l'ordre naturel, de concourir à la perfection de son être physique et de ses fonctions vitales ; ce qui prouve évidemment que nous devons chercher la cause des maux qui nous affectent durant le cours de la vie, plutôt dans les fluides que dans les solides, puisque les premiers donnent naissance à ces derniers, et les entretiennent constamment.

§. IV. — L'eau n'est pas moins propre à rétablir la santé, que nécessaire pour la conserver ; prise intérieurement, elle donne de puissans secours dans les maladies aigues et chroniques ; appliquée extérieurement, elle rend les autres secours très-souvent plus efficaces.

§. V. — Les propriétés de l'eau simple, l'ont fait

regarder comme un remède universel, et sur-tout par *Hoffmann*. Si l'on s'est trompé, en donnant trop de généralité à ses effets, on peut au moins la considérer comme un agent très-salutaire et le premier de la médecine.

§. VI. — La nature, constamment occupée de la conservation de l'espèce humaine, a donné aux eaux de certaines sources des propriétés particulières, qui les rendent propres, selon leur composition, à la guérison de différentes maladies ; ces eaux contractent dans les entrailles de la terre, en se mêlant avec diverses matières, en les dissolvant, ou en se combinant avec elles, des vertus qui les distinguent les unes des autres, et qui les caractérisent. Cette composition chymique, qui est plus naturelle encore que celle qui rend le lait médicamenteux, par la nourriture variée que l'on donne aux animaux qui le fournissent, s'observe dans les eaux minérales. En effet, celles-ci forment un mélange avec des substances étrangères, dont elles se chargent, dans le cours qu'elles font à travers les minéraux, tandis que le suc des plantes, dont on nourrit les animaux qui nous donnent le lait, doit être, en partie, animalisé par un alambic formé par la nature. Il en est de même des fleurs d'où les abeilles tirent le miel.

§. VII. — Depuis trente ans j'ai fait plusieurs voyages aux eaux de la *Motte*, soit pour y conduire des malades, soit pour faire des observations expérimentales sur les importans services qu'elles rendent à la médecine, et pour fixer mon opinion sur la nature de ces eaux, ainsi que de celles de *Balaruc*, de *Bourbonne*, etc.

§. VIII. — La commune de la *Motte* est située entre la Mure et le Drac, à la distance de deux miriamètres environ de Grenoble. Elle s'étend de l'est à l'ouest jusqu'au bord de ce torrent. La pente de cette vallée est rapide d'une extrémité à l'autre, et le château dit *de la Motte*, où se prennent les eaux, est à un tiers, à peu près, de cette pente, qui conduit à la source presque à pic. Une cascade d'environ cent soixante mètres d'élévation tombe majestueusement, et à grand bruit, à côté de la source minérale. Le Drac coule à moins de douze pieds de la pompe, et n'en est séparé que par une digue qu'il couvre, dans le tems de la fonte des neiges.

§. IX. — Les eaux destinées pour les bains, les douches et la boisson des malades, sont portées à dos de mulet au château où elles se prennent.

§. X. — Le thermomètre de Réaumur ayant été plongé dans le bassin de la pompe, à différentes années, à différens jours et à différentes heures, n'a jamais passé le 45.ᵉ degré.

§. XI. — Ces eaux tiennent en dissolution du sel marin, de la sélénite, de la craie, du sel d'epsum, du sel marin à base de magnésie et une substance extractive.

§. XII. — Les propriétés médicales des eaux de la Motte, et leurs effets salutaires, sont connus depuis long-tems ; mais ils seront bien plus généralement répandus, lorsqu'un bon règlement ou précis-pratique seront venus au secours des malades et des propriétaires de l'établissement.

§. XIII. Ces derniers, avec toute la bonne volonté, le zèle et l'attachement possibles, ignorent souvent les choses qui conviendraient à cet établissement, ne peuvent que remplir très-imparfaitement les devoirs qu'ils se sont imposés. Frappé de cette triste vérité, et convaincu que le régime approprié était absolument indispensable, pour les bons effets des eaux, qu'il peut beaucoup avec elles, et qu'elles ne peuvent rien sans lui, j'ai pensé qu'il serait utile d'exposer un mémoire qui pût servir de guide aux personnes auxquelles les eaux minérales ou thermales seraient indiquées, et qui voudraient en faire usage sans la direction d'un médecin ; en conséquence, je vais tracer ici les règles générales qui doivent être suivies par les malades qui seront dans le cas de prendre les eaux minérales et salines. Celles de la Motte sont apéritives, résolutives, diurétiques, sudorifiques, désobstruantes, purgatives, toniques, stomachiques, etc. (1)

INDICATION.

§. XIV. — Elles sont très-propres, 1.° à dissoudre

---

(1) Les eaux de la Motte ont opéré la guérison de plusieurs maladies, qui n'avaient pu l'être par l'usage salutaire des eaux d'Aix en Savoie.

et à évacuer les matières bilieuses, acides, glaireuses et tenaces, contenues dans l'estomach et les intestins, qui sont la source de beaucoup d'infirmités, telles que coliques, flux invétéré, vomissemens, la diarrhée, etc.

2.º Elles combattent l'épaississement et l'acrimonie de la lymphe, les congestions dans les maladies de la peau, les dartres, les gales rebelles, qui ne sont pas compliquées d'un vice héréditaire, et même les lèpres.

3.º Elles conviennent dans tous les cas où il s'agit de rétablir le ton des nerfs, en les stimulant, comme dans l'état de paralysie, d'affections hypocondriaques, hystériques ou vaporeuses.

4.º Elles contribuent efficacement à la guérison des dérangemens dans les évacuations périodiques, soit du sang, telles que les règles, les hémorroïdes; soit des humeurs secondaires, qui dépendent de l'atonie des solides, ou de l'épaississement des fluides, des écoulemens laiteux, ou pertes blanches, de la jaunisse invétérée, de la cachexie et des diverses éruptions à la peau, des vieux ulcères scrophuleux, scorbutiques et vénériens.

5.º Elles sont propres à prévenir les suites d'une transpiration arrêtée, tels que les rhumatismes simples, fixes, ambulans, confirmés ou universels et goutteux, des ankiloses, de l'épaississement de la synovie, et d'autres maladies produites par ces causes.

6.º Elles conviennent encore dans les engorgemens
et

et les obstructions, tant des glandes que des viscères du bas ventre, et dans toutes les maladies qui peuvent dériver de ces principes. Enfin, ces eaux divisent et entraînent doucement, soit par les selles, les urines, soit par la transpiration, les matières qui sont à charge à la nature, soit dans les premières, soit dans les secondes voies.

7.° A l'usage interne des eaux, doit être joint celui des bains et des douches, dans les cas spécifiés aux n.ºˢ 2, 3, 4 et 5 de l'indication.

Les eaux *de la Motte* se prennent intérieurement et à l'extérieur, dans les paralysies ou à la suite d'une attaque d'apoplexie (1), ou par toute autre cause.

CONTRE-INDICATION.

§. XV. — Ces eaux sont contre-indiquées, 1.° dans les cas d'accidens récens d'hémorragies ou pertes de sang, par la crainte des retours ou autres causes ;

2.° Dans l'hydropisie et l'infiltration qui tendent à l'épanchement ;

3.° Dans les catarrhes récens ;

4.° Dans le flux immodéré, ou le flux qu'il serait dangereux d'entretenir ;

5.° Dans les maladies inflammatoires, les fièvres

---

(1) Voyez le **Traité** d'apoplexie décrit dans mon précédent ouvrage.

aiguës et au commencement de celles qui seraient intermittentes ;

6.° Dans les engorgemens qui tendent à la suppuration, et lorsque les fractures sont trop nouvelles et que le cal a moins de six à sept mois.

§. XVI. — On doit savoir que ces eaux se prennent ordinairement à jeun, en commençant, suivant la force individuelle, par trois à dix verrées de six à sept onces chacune, en observant dans l'intervalle de chaque verrée, de faire un exercice modéré (1).

On augmente graduellement, de jour en jour, les doses, suivant les maladies et la force du sujet ; les tempéramens robustes vont facilement jusqu'à trois et quatre pintes dans la matinée, et on doit finir ainsi qu'on a commencé, c'est-à-dire, en diminuant graduellement.

Il faut observer que la progression, du moins au

---

(1) Depuis trois ans cet ouvrage est terminé ; mais les occupations de l'auteur ne lui permettant pas de le publier, il se borna à adresser une copie de ce mémoire au propriétaire de ces eaux, à l'effet de servir de guide aux personnes qui voudraient les prendre. Ses occupations étaient relatives à son état et à la rédaction d'un ouvrage, intitulé : *Supplément au Guide pour la conservation de l'homme*, contenant des observations sur les causes de la révolution opérée dans nos climats et dans nos tempéramens, au sujet de la fréquence des maladies nerveuses, catarrhales, épidémiques et pestilentielles, ainsi que de celles provenant des passions ou des affections de l'ame, et sur les moyens propres à en prévenir les atteintes.

plus, en commençant, et du plus au moins, en finissant, est très-importante, et qu'il est fort dangereux de se gorger indiscrètement de ces eaux.

§. XVII. — Dans les constitutions délicates, il arrive souvent qu'on ferait bien de mêler ces eaux avec des infusions ou décoctions appropriées au genre des maladies, afin de les faire passer plus facilement.

§. XVIII. — Les personnes pléthoriques et sanguines doivent se préparer, par l'usage de la saignée, par les lavemens, les bains domestiques, à prendre les eaux dont il s'agit; et celles chez qui les premières voies sont embarrassées de matières bilieuses, doivent être évacuées. En un mot, on ne doit pas imprudemment prendre les eaux, sans s'être fait prescrire auparavant, par son médecin (1),

---

(1) Ce médecin saura, 1.° qu'il n'est point de remède, depuis le plus simple jusqu'au plus composé, qui n'exige des attentions particulières dans son administration, selon sa nature, selon la variété des tempéramens, selon les maladies dont chaque individu est atteint, leurs différences, leurs degrés, l'âge, le sexe, le genre de vie et le climat qu'habite le malade; comme les eaux minérales remplissent seules une classe de remèdes les plus généraux, on ne saurait trop observer attentivement tout ce qui peut les rendre utiles ; il n'est pas moins nécessaire de préparer les malades à l'usage des eaux, que de les gouverner pendant qu'ils les prennent et lorsqu'ils les ont cessées, autrement on risque de ne pas en retirer les avantages qu'on a lieu d'en attendre; 2.° ce médecin saura qu'il est de sa prudence de préparer, à l'usage des eaux minérales, les malades qui ont sur-tout une constitution sanguine;

le régime qu'on doit suivre; celui-ci combinera la proportion des forces de la nature de l'individu

par la saignée, par les boissons délayantes, légèrement apéritives et diaphorétiques, les lavemens et les doux purgatifs, les bains domestiques simples et médecinaux, employés partiellement, ou en général en vapeurs ou en étuves, pris de tems en tems, par la sobriété dans l'usage des alimens de leur choix ; 3.º il saura que dans tous les cas où le pouls est dur, plein, la tête embarrassée ou pesante, la respiration gênée, quelle que soit la maladie, on doit pratiquer la saignée avant la purgation, et la réitérer avant de prendre les eaux, si les mêmes symptômes subsistent; 4.º il saura que chaque maladie exige une préparation particulière, pour faire, selon sa nature, un usage utile des eaux minérales ; mais que néanmoins les douleurs et les éréthismes de l'abdomen, les coliques, les tenesmes, les dyssenteries, l'engorgement des vaisseaux hémorroïdaux, l'écoulement des hémorroïdes, occasionné par l'irritation, leur suppression, les ardeurs, les dysuries, la strangurie, les engorgemens phlogistiques de la matrice, les dérangemens des règles, leur suppression, leur irrégularité, l'écoulement des fleurs blanches, qui provient de l'irritation, exigent, en général, des boissons délayantes, tempérantes, calmantes, des bains et des lavemens de la même nature, des injections dans le vagin, des saignées locales ou dérivatives, selon l'exigence des cas; des laxatifs ou légers purgatifs, et surtout un régime de vie sobre, modéré, et le tout suivant l'indication donnée ici ; il saura qu'il est essentiel, dans toutes ces maladies, de se garantir du froid humide, des passions de l'ame et d'éviter toutes sortes d'excès.

5.º Il saura que le bon air, un exercice modéré, le repos de l'ame, les amusemens suivis, la gaieté, contribuent puissamment aux effets salutaires des eaux minérales, mais qu'on voit souvent que le jeu immodéré, les veilles, la bonne chère produisent des effets contraires.

avec celle des remèdes dont on veut se servir; il saura que sans ce point capital on ne peut compter

---

6.º Il saura raisonner les personnes qui le consulteront, en leur démontrant que les préceptes généraux propres à ménager l'existence de l'homme, à maintenir sa santé et prolonger sa vie, sont dans les règles suivantes :

1.º D'éviter tout excès, je le répète; 2.º de respirer un bon air; 3.º de se livrer à la gaieté; 4.º d'user d'alimens convenables à sa constitution; 5.º de ne pas changer subitement ses habitudes, et de ne s'en former que de nécessaires, 6.º d'observer une juste proportion entre les alimens qu'on prend, l'exercice qu'on fait, et la force individuelle;

7.º De fuir les médecins à *système erronné*, les charlatans ignorans, la multiplicité des remèdes, et sur-tout ceux qui sont violens et qui s'éloignent de la classe des substances nutritives, ou qui n'ont aucune analogie, car ils deviennent dans ce dernier cas des poisons;

8.º Le médecin éclairé sait combiner, avec soin, les indications que fournissent les différentes causes de maladies, les âges, les sexes, le climat, les dérangemens ou l'état des organes de la digestion, avec celles qu'indiquent les symptômes de ces maladies; on trouve par-là aisément le régime et les remèdes appropriés, dans tous les cas, à l'usage des eaux minérales;

9.º Il sait proportionner le remède convenable dans les constitutions altérées et rappeler la nature à son but, en réunissant au principe aqueux, par le moyen des bains, des douches et autres médicamens les plus salutaires.

En effet, ce n'est point assez de savoir que les bains sont d'excellens remèdes, qu'ils contribuent à la guérison d'un très-grand nombre de maladies, qu'ils aident l'action des médicamens ou modèrent leur activité, il faut encore savoir que les bains tièdes, n'excédant point la chaleur du corps, sur rien dans l'art de guérir. On brave la nature qu'on a vue trop souvent opprimée jusqu'ici, par des fatras de remèdes mal dirigés; tandis que dans la plupart des maladies, avec un œil observateur et des moyens simples bien dirigés, on sait affaiblir les forces, si elles sont trop exhaltées, ou leur rendre de l'énergie, lorsque la faiblesse se manifeste.

§. XIX. — En général les gens qui font usage des eaux minérales, doivent prendre le matin, deux

---

sont, 1.º nécessaires aux enfans du premier âge, pour faciliter le développement de leurs vaisseaux, et rendre leurs humeurs plus douces ; 2.º convenables à ceux du second âge, pris à quelques degrés, moins chauds, afin de donner du ton à leurs fibres ; et les vieillards doivent les prendre un peu plus chauds, de manière à retarder la rigidité de leurs fibres, l'épaississement des fluides, et à prolonger leur vie.

A l'égard de la qualité que les bains ont d'augmenter l'efficacité des remèdes, ou d'en tempérer la force, on a observé qu'après leur usage, les sudorifiques, les emmenagogues avaient un effet bien plus marqué que le fer, le mercure, le quinquina, qui ont besoin d'être secondés par eux. Ces moyens rendent le sang et toutes les humeurs qui en dépendent plus délayés, les fibres plus souples, les systèmes ou pores exhalans et absorbans plus ouverts, la transpiration tant sensible qu'insensible plus libre, et par-là ils facilitent l'efficacité des eaux thermales et des autres remèdes.

Il est encore bien utile d'ajouter, aux bains et aux douches, l'usage préparatoire des frictions sur la partie affectée.

On concentre l'effet des bains de vapeurs et autres, sur la partie affectée, en l'exposant seule à l'action de l'eau ou des infusions des plantes appropriées.

ou trois heures après les avoir bues, un léger aliment, tel qu'un bouillon avec une tranche de pain, ou mêlé avec un demi-verre de vin vieux et de bonne qualité; cette attention est sur-tout recommandée aux personnes faibles ; trois ou quatre heures après, elles dîneront avec du pain bien préparé et au moins cuit de la veille ; elles mangeront de la viande tendre, rôtie ou bouillie, et des légumes cuits au gras ; et leur dessert sera composé d'un échaudé ou d'un peu de compote de fruits ; le malade pourra prendre du café, s'il en a l'habitude. Le souper devra être léger, et consistera en un potage gras, au pain ou au riz; en des végétaux bien aprêtés, en jeunes poulets, ou deux œufs, soit à la coque, soit brouillés ; l'équivalant sera en poissons, ou légumes; un litre de vin, au plus, suffira par jour.

§. XX. — Le régime des personnes d'une constitution flegmatique, doit être plutôt sec et tonique que relachant et aqueux.

§. XXI. — On ne peut guère fixer la quantité de nourriture qui convient ; elle doit être modérée selon la maladie, l'âge, la constitution individuelle, le sexe et les forces digestives. Il en est de même de l'usage des eaux prises en boissons, en bains et en douches ; on donne les bains et la douche, plus ou moins chauds, suivant la force des sujets ; lorsque les bains sont nécessaires, le malade les prend, après avoir bu les eaux pures ou mêlées à quelques doux purgatifs appropriés, pendant deux ou trois jours, tel que demi-once de crême de tartre ou de sel d'epsum ; s'il est faible, avec des sirops purgatifs, depuis demi-once jusqu'à deux; et il continue à boire ces eaux en bien moindre quantité, soit qu'il prenne les bains, soit qu'il prenne la douche, mais en observant alors de les boire sans aucun mêlange : il est bien entendu que les bains et les douches ne doivent se prendre que lorsque la digestion est faite, c'est-à-dire, cinq ou six heures au moins après le repas, et que deux ou trois bains doivent toujours précéder la douche.

§. XXII. — Il est nécessaire, après la douche, de même qu'après les bains, de se mettre dans un lit un peu chaud et d'y attendre, avec tranquillité, que les oscillations des fibres soient rétablies dans l'ordre naturel ; que le mouvement systaltique des artères ne soit plus trop vif, ni précipité ; que la masse des liquides soit rentrée dans l'harmonie d'une circulation ordinaire; que la transpiration ou les sueurs qui étaient auparavant l'effet de la violence, ne paraissent à la superficie, que par le moyen d'une direction tranquille des forces du centre vers la circonférence. Il faut, en sortant du lit, ne pas s'exposer à l'air froid, rester dans un lieu tempéré, et prendre une tasse d'une infusion chaude de mélisse, ou de fleurs de tilleul, adoucie avec le sucre, le miel, le sirop de guimauve, de capillaire, ou de violette.

§. XXIII. — Si les personnes du sexe doivent sur-tout éviter, à l'époque des évacuations périodiques,

ques, de se trouver dans aucune espèce de contact avec l'air froid, à bien plus forte raison doivent-elles craindre toute espèce d'application extérieure de l'eau froide sur la peau ; le bain partiel des mains, si l'eau est bien froide, peut seul leur causer de très-grands accidens, et il en serait de même de l'usage des eaux minérales. En conséquence, elles doivent donc le cesser, pendant ce tems-là, pour le recommencer deux ou trois jours après.

§. XXIV. — Il est de la prudence, après que les humeurs rhumatismales ont été dissipées, ou après que les tumeurs ont été dissoutes, par le moyen de la boisson, des bains, de la douche, de prendre tous les matins, pendant un mois au moins, deux ou trois verres d'eaux minérales de la même source dont on a fait usage ; c'est par cette continuation que l'on désobstrue totalement les vaisseaux qui aboutissent aux membranes engorgées et aux tumeurs, et que l'on empêche qu'il ne s'en forme de nouvelles.

§. XXV. — L'usage des eaux minérales demande, dans plusieurs cas, celui de quelques remèdes propres à seconder leurs effets, et c'est souvent à ce concours de moyens qu'on doit bien des cures. Un médecin observateur sait connaître et distinguer les cas où la nature n'a besoin que des eaux, où leur association, avec des médicamens, est devenue indispensable, pour pouvoir triompher des maladies qui auraient été combattues sans succès, par l'emploi seul de ces remèdes, où par celui des eaux. On observe qu'elles peuvent se transporter au loin sans perdre de leurs vertus. En conséquence, les malades que leurs affaires empêchent de se rendre aux eaux, éprouveront leurs bons effets, en en faisant usage chez eux, dans le cas où il ne s'agit de les prendre qu'en boisson.

§. XXVI. — Il est vrai que la chimie peut, jusqu'à un certain point, imiter les eaux minérales en général ; mais en lui supposant ces avantages, il manquera toujours aux eaux artificielles les accessoires essentiels des eaux naturelles.

§. XXVII. — Heureux ! si, par mes recherches sur les vertus médicamentales du lait, du miel et des eaux minérales, je puis en étendre l'usage au profit de l'humanité ! je serais alors tenté de croire que la nature s'étant montrée aussi généreuse, l'art n'a presque rien à faire, et qu'il ne lui reste qu'à développer et mettre à profit les avantages qu'elle prodigue à tous les animaux.

§. XXVIII. — En effet, ce principe est si abondant, qu'il semble, en faisant le calcul des propriétés qui appartiennent aux autres alimens et aux autres remèdes, qu'ils ne les doivent qu'à leur union avec l'eau, le miel ou le lait.

§. XXIX. — Il n'y a presque pas d'indication médicale à laquelle on ne puisse suffire avec ces moyens modifiés selon les circonstances ; on pourrait citer plusieurs cas dans le traitement des maladies aiguës où l'eau seule a favorisé la guérison ;

les maladies chroniques se terminent aussi très souvent par l'usage du lait, du miel, et de l'exercice modéré dans un air sain.

§. XXX. — Il existe encore plusieurs sources médicinales de différentes natures dans l'ancienne province du Dauphiné, savoir : les eaux de Mens, d'Uriage, du Monestier, et autres qui ne sont pas encore connues, et qui seront le sujet d'un nouvel ouvrage, où l'analyse se trouvera indiquée d'une manière méthodique. Ces eaux sont les eaux minérales ou thermales de *Bouvantes*, *de Saint-Pierre-d'Argenton*, *de Die*, *du Col-de-Coillac*, *de Châtaillon*, *de Choranches*, *du Monestier-de-Clermont*, *du Monestier-de-Briançon*, *d'Allevard*, *de l'Oisans*, etc.

§. XXXI. — Que de moyens prophylactiques et curatifs la nature a distribués dans le département de l'Isère ! Mais combien il en recèle dans son sein, qui étant connus et employés avec prudence, seraient très-propres à prévenir et à traiter les maladies qui affectent l'homme durant le cours de sa vie !

On dira néanmoins ici un mot de celles qui sont le plus usitées, comme les eaux d'*Uriage*, de *Trémini*, de *Mens* ou *Doriol*.

§. XXXII. — Il existe dans la commune d'Uriage, à une lieue et demie de Grenoble, une source dont l'analyse a été faite en 1786 par notre estimable collègue, M. le docteur Nicolas, dans son mémoire sur les épidémies, page 63.

« Cette eau, dit-il, est gazeuse, savonneuse et
» saline ; deux pintes produisent du sel marin de
» magnésie 45 grains ; du sel marin à base d'alkali
» minéral 96 grains ; du sel amoniac 41 grains ».

Lorsqu'on prend ces eaux avec prudence, elles sont purgatives, apéritives, etc. ; mais on ne doit en faire usage que d'après la consultation d'un médecin prudent et éclairé sur la nature des eaux, des causes de la maladie, l'indication et le régime convenables.

On pense qu'il serait très-nécessaire d'exposer au soleil ces eaux, au moins une demi-heure avant que de les boire, afin de faciliter l'évaporation du gaz. Les personnes robustes peuvent en prendre, dans la matinée, depuis une pinte jusqu'à deux, par tasse, de quart d'heure en quart d'heure, en mettant dans la première tasse une demi-once de sel d'epsum, ou de crême de tartre.

Les bains des eaux d'Uriage nous paraissent très-utiles contre les maladies de la peau, telles que les dartres, la gale. etc : mais dans ce cas, comme dans tous les autres, il serait très-nécessaire que ces bains fussent préparés au moins demi heure avant que les malades y entrassent, afin de donner au gaz le tems de s'évaporer suffisamment, pour ne pas nuire à leur santé.

§. XXXIII. — Les eaux de la source de Trémini ont à peu près les mêmes vertus que celles d'Uriage, et peuvent se prendre dans les mêmes cas, en augmentant la dose, au moins d'un quart, par la raison que celles-ci sont plus légères et moins actives; elles ont opéré de grands effets dans les cas de phthisie pulmonaire et tuberculeuse, dans les faiblesses d'estomac, dans les maladies de la peau, etc.

§. XXXIV. — Les expériences faites sur les lieux, ont amené la conviction que les eaux de la source d'Oriol peuvent s'assimiler à celles de Passi et de Vals, et s'employer avec quelques modifications dans les mêmes indications, en modérant l'usage des unes et des autres, suivant les cas; l'effet des premières est plus doux que celui des eaux de Vals, par la raison que celles-là ne sont que ferrugineuses, et que celles-ci sont vitrioliques.

Les eaux d'*Oriol* sont rafraîchissantes, purgatives, propres à détruire des obstructions, à rappeler le flux menstruel, à faciliter le cours des urines, à fortifier les viscères du bas-ventre, et à rétablir les digestions, etc.

§. XXXV. — Si l'usage excessif des eaux minérales, et sur-tout de celles d'Uriage, a fait des victimes, on cessera de s'en étonner, lorsque l'on saura qu'il est reçu parmi les paysans d'en avaler de six à douze pintes dans une matinée; ces imprudens font des paris qu'ils en boiront telle ou telle quantité, et celui qui remporte la victoire, en buvant plus que les autres, y perd souvent sa santé, abrège sa vie, sans s'en douter.

Puissent ces observations obvier à ces maux, et les rendre à l'avenir plus circonspects et plus sages!

Autres Observations relatives au même sujet.

Depuis quarante ans, je me suis occupé de la recherche des moyens propres à combattre les systêmes, les sentimens contradictoires de quelques médecins, les préjugés populaires et les erreurs destructives de l'espèce humaine.

En consacrant mes veilles à ces recherches, j'ai presque entièrement perdu la vue ; et les circonstances dans lesquelles je me trouvais alors, s'opposèrent à ce que l'on pût prévenir le mal dans son principe.

Les symptômes de ma maladie naissante furent d'abord un léger brouillard, une espèce de fumée que je voyais passer continuellement devant les objets qui se présentaient à mes yeux. Quelques mois après, j'aperçus des toiles d'araignées, des flocons de neige, de la laine, ou des cheveux, de petites mouches, etc.

Ces signes furent les indicateurs d'une cataracte sur les deux yeux, qui était à son second degré, lorsque je consultai mes estimables confrères ; leur opinion fut partagée, les uns prétendaient qu'on pourrait me faire l'opération dans trois mois, les autres pensaient, au contraire, que la cataracte était compliquée avec la paralysie du nerf optique, et que l'opération deviendrait inutile ; quelques-uns ranimèrent mon courage, en me disant que la cataracte n'était point compliquée, pas même bien formée ; dès-lors je résolus de faire le traitement qui suit :

1.º Je me prescrivis l'usage du régime adoucissant, décrit dans le *Guide pour la Conservation de l'Homme*, page 109.

2.º Je reçus, sur le globe de l'œil, la vapeur du lait, suivie de celle d'une infusion de fleurs de mauve et de sureau mêlés.

3.º Je fis l'application de quatre sangsues derrière les oreilles, et le jour suivant je me fis une saignée au bras de six à huit onces de sang. Je fis ensuite usage des lavemens, des bains de pied, des grands bains, etc.

4.º Lorsque les humeurs furent plus fluides, la fibre assez relâchée, je me fis conduire au château de la Motte, pour y prendre les eaux de la manière qu'il est dit dans cet ouvrage, §. XVI, et j'en ai éprouvé les effets les plus salutaires (1).

---

(1) La veille de mon départ, je me fis conduire, par le propriétaire, à la source, que je n'avais vue depuis 4 ans ; examen fait des localités, je me suis aperçu qu'il existe un moyen propre à faire fluer la grosse source. On pourrait, dans le tems où les eaux du Drac sont basses, creuser facilement un grand canal, en alignant le cours de l'eau, de manière à borner son lit très-près de la rive gauche du torrent ; ce changement se ferait à peu de frais, soit parce qu'on trouverait les matériaux sur les lieux, soit parce que la force rapide de l'eau entraînerait le gravier et formerait presque seule le lit dont il s'agit, soit enfin, parce qu'on ferait une digue peu élevée dans sa partie supérieure, afin de faciliter le

5.° J'ai terminé mon traitement par l'usage de la vapeur odoriférante de l'eau de Cologne, de l'eau de lavande camphrée, ou du baume de Fioraventi, reçu sur la partie affectée, au moyen d'un bain d'œil, au fond duquel j'en laissais tomber de trois à six gouttes, en changeant alternativement, d'un œil à l'autre, pendant cinq à six minutes, et cela après avoir fumé une pipe de rose et de la petite sauge.

---

dépôt du terrain laissé par les crues d'eau. Cette digue serait élevée suivant le haussement que formerait le dépôt de chaque année, et bientôt on aurait une promenade à l'ombre des peupliers, qu'on planterait en forme de plusieurs alignemens, depuis la digue jusqu'à la source fluante, dans l'étendue du terrain réparé ; on y formerait ensuite des établissemens, où les malades pauvres seraient reçus et soignés par des personnes que la confiance et l'humanité y appelleraient.

En effet, j'ai remarqué, sur le bord du rivage, plusieurs fossés en forme de bains, creusés dans le gravier, recevant les égouts de la petite source fluante et où les pauvres venaient journellement se baigner : après les avoir interrogés sur les avantages qu'ils en obtenaient, ils me répondirent qu'ils s'en trouvaient très-bien.

Pour faciliter ces établissemens, on pourrait encore transporter le lit de la cascade au-delà de la petite source, par le moyen d'une galerie ; alors la filtration de l'eau de la cascade n'ayant plus lieu, la chaleur de la source minérale serait plus forte.

Il est fâcheux que la route de Grenoble à la Motte par le Mont-Eynard, ne soit pas praticable pour les voitures, car elle serait préférable à celle de Pierre-Châtel, étant de beaucoup plus courte, et moins fatigante pour les malades.

Erratum. Pag. 10, ligne 5, *qu'il est de col*, lisez *culus*.

www.ingramcontent.com/pod-product-compliance
Lightning Source LLC
Chambersburg PA
CBHW070538050426
42451CB00013B/3079